TABLA DE CONTENIDO

Introducción

Capítulo 1
 Pérdida de peso comenzando con lo que bebe

Capítulo 2
Comer bien y perder peso

Capítulo 3
Pierde peso cambiando la forma en que cocinas

Capítulo 4
Hacer ejercicio para bajar de peso Capítulo 5
Empezando
Hacer ejercicio es realmente bueno para ti
La consistencia es la llave

También hubo un momento en que la idea de perder peso ni siquiera se producía en nuestra sociedad, la gente comía lo que mamá cocinaba para la cena y se iban a trabajar. La diferencia entre esa sociedad y la sociedad actual es que el trabajo no estaba detrás de una pantalla de computadora, sino de pie en el campo o en el piso de un almacén. La gente trabajaba físicamente porque esa era la única forma de trabajar, de hecho, ¡por eso se llamaba trabajo! A menudo era durante este tiempo que las personas podían comer lo que quisieran porque quemaban muchas más calorías de las que consumían.

Pero, como todas las cosas buenas, eso también ha pasado y la tecnología del mundo actual nos ha dejado en una condición: una con sobrepeso. Nuestros estilos de vida han cambiado drásticamente y nuestras comodidades se han multiplicado por diez. Como dicen, cada rosa tiene su espina y para nuestra sociedad nuestro deseo de tener una vida cómoda y trabajar menos ha comenzado a asomar por la cintura.

Lo malo de todo esto es que cuanto más peso ganas, más peligroso se vuelve. El exceso de peso es sinónimo de enfermedad, ya sea en forma de diabetes o una afección cardíaca, es probable que aparezca si no hace algo al respecto. Tienes que ser proactivo en el aumento de peso y tienes que trabajar hasta que llegue a un punto en el que ya no tengas el control. No se trata necesariamente de tonificar y esculpir, sino de un peso que no ponga en peligro la vida. Puedes trabajar en los abdominales más tarde, ahora solo necesitas deshacerte de un poco de grasa corporal extra. A medida que la sociedad se da cuenta de lo que está sucediendo y de que tenemos sobrepeso en general, la gente está tratando de ponerse al día y trabajar desde atrás. Están tratando de perder peso y llevar un estilo de vida más saludable.

Este libro es su guía para perder las primeras diez libras con las que todos luchamos. Son asombrosos los pequeños cambios en tu vida que pueden hacer que pierdas diez libras y todos giran en torno a comer bien y hacer que tu cuerpo se mueva.

CAPÍTULO 1 PÉRDIDA DE PESO EMPEZANDO CON LO QUE BEBE

En primer lugar, las personas no se dan cuenta de que lo que beben es el primer paso para perder las primeras 10 libras. De hecho, la mayoría de las personas no saben que cuando tienen hambre, en realidad pueden estar deshidratadas y tener mucha sed, no hambre. El agua también es notable. Más del 66% de su peso corporal no es más que agua. Esta es también la razón por la que el agua juega un papel importante en el control del peso. Entonces el TIP # 1 es:

Beber abundante agua. Se recomienda que beba 8 vasos por día, pero eso puede llevarle un poco de tiempo. Tu cuerpo necesita mucha agua. El agua no solo elimina todas las toxinas de su cuerpo, sino que lo hace sentir mejor y más saludable. Cuando bebes mucha agua, empiezas a sentirte en forma y esta es la motivación que necesitas para perder peso.

Lo mejor del agua es que puedes beber tanto como quieras porque no tiene calorías. Cuando bebe mucha agua, también come menos porque no se sentirá como si se estuviera muriendo de hambre. Recuerde, si tiene hambre, primero intente beber un vaso de agua y se dará cuenta de que probablemente solo estaba deshidratado y sin hambre.

La regla de los 8 vasos al día es algo por lo que debes esforzarte. La mejor manera de hacer esto y medir su consumo de agua es comprar una jarra en la farmacia o tienda de comestibles diseñada para contener exactamente 8 vasos de agua. Estas son excelentes herramientas para bajar de peso porque puede llenarlas, congelarlas y, a medida que se derrite durante el día, tiene agua fresca y fría. O, si no le importa la temperatura ambiente del agua, también puede beberla de esa manera. Todo lo que importa es que estás obteniendo el agua que tu cuerpo necesita.

SUGERENCIA # 2: Empiece el día con un vaso de agua limpia y fresca. Tan pronto como se levante por la mañana, beba uno. Esto ayudará a su cuerpo a ponerse en marcha porque no estará peleando.

Por deshidratación. Además, después de beber un vaso de agua, no necesitará comer un desayuno tan abundante. Un vaso de agua despierta todos los jugos digestivos de tu cuerpo y lo lubrica bien. Siempre puede tomar su café o té de la mañana, pero asegúrese de tomar un vaso de agua después. La cafeína te deshidrata y quieres evitar la deshidratación.

SUGERENCIA # 3: Beba un vaso de agua antes de sentarse a comer. El agua naturalmente lo hará sentir más lleno para que no tenga que comer tanta comida.

CONSEJO # 4: Beba un vaso de agua mientras come también. Toma un trago después de cada bocado y te sentirás lleno más rápidamente para que puedas salir de la mesa sintiéndote satisfecho sin sentirte hinchado. Beber agua mientras come también ayudará a que la comida se asiente más rápidamente, lo que también le ayudará a sentirse satisfecho más rápido.

CONSEJO # 5: Haga todo lo posible por mantenerse alejado de los refrescos. Todos los refrescos están endulzados con mucha azúcar. Cuanto más pueda eliminar de su dieta, mejor. Además, los refrescos dietéticos siguen siendo refrescos. Puede que no tenga tanta azúcar, pero tiene otros químicos y componentes que tampoco son buenos para su cuerpo. Si bebe una gaseosa, contrarréstela con un vaso de agua. Recuerde, la cafeína también lo deshidrata. Los refrescos descafeinados también contienen cafeína en pequeñas cantidades y la misma cantidad de azúcar, por lo que tampoco son mucho más saludables.

CONSEJO # 6: El jugo de frutas tampoco es tan saludable como la mayoría de la gente piensa. En realidad, el jugo también tiene mucha azúcar. Si le apetece un vaso de jugo, beba jugo de fruta fresca en lugar de jugo que tenga sabores y colorantes artificiales. Es incluso mejor si puede hacer su propio jugo de frutas. Solo asegúrese de no agregar demasiada azúcar que se suma a las calorías. En lugar de beber jugo de frutas, coma más frutas. La fruta proporciona a su cuerpo la fibra y las vitaminas que tanto necesita.

SUGERENCIA # 7: Sea moderado con el té y el café. Son prácticamente inofensivos si no se les agrega mucha crema y azúcar. Es la nata y el azúcar lo que engorda. Piénselo de esta manera, cuando toma una taza de café o té con crema y dos cubos de azúcar, básicamente está comiendo un trozo de pastel de chocolate cada vez. Ahora piense en cuántos trozos de pastel está comiendo cuando tiene un Venti Starbucks Latte, ¡ay!

SUGERENCIA # 8: Si debe tomar su té y café, trate de beberlo solo. El té negro o el café en realidad tienen beneficios para la salud siempre que contrarreste la cafeína en su cuerpo con un buen vaso de agua. La cafeína tampoco es buena para usted porque afecta las funciones de su cuerpo, como su metabolismo.

Otro tipo de té que puedes beber libremente es el té verde. El té verde se ha utilizado como medicamento en China durante más de 4.000 años. Ayuda al sistema digestivo y puede ayudar a aliviar un estómago demasiado lleno y se ha relacionado con una reducción del riesgo de cáncer.

CONSEJO # 9: Si puede decirle que no al alcohol, entonces es mejor. Las bebidas alcohólicas no son exactamente buenas para usted, aunque una copa de vino tinto tiene beneficios para el corazón, la mayoría solo engordan. La cerveza engorda especialmente. Los cócteles engordan dependiendo de su composición. Por ejemplo, whisky y Coca-Cola. Puede que el whisky no engorde, pero la Coca-Cola definitivamente sí. Además, después de unos tragos, la mayoría de las personas tienen ganas de comer y cuando se siente un poco ebrio y hambriento no podrá tomar decisiones racionales con respecto a su dieta y generalmente es tarde en la noche, justo antes de desmayarse. De beber, que comes en exceso. La combinación general no es buena.

CONSEJO # 10: Si debe beber alcohol, pruebe el vino seco. El vino seco es mejor que los vinos dulces, ¡porque los vinos dulces tienen más azúcar! Los vinos secos tienen azúcar, pero la mayor parte se ha fermentado en alcohol y, desde la perspectiva del aumento de peso, lo seco es mejor.

CONSEJO # 11: Otra palabra sobre el café, que no es necesariamente mala, pero es más interesante que cualquier otra cosa. Algunas personas han informado que cuando bebieron café solo antes de hacer ejercicio, perdieron más peso. No hay pruebas científicas que respalden esto, pero los nutricionistas creen que puede deberse a que el cuerpo se ve obligado a depender de la grasa como combustible. Oye, vale la pena intentarlo si puedes soportar el café solo. ¡Solo recuerde beber mucha agua durante su ejercicio!

CONSEJO # 12: Evite beber cantidades excesivas de café, ya que insensibiliza su cuerpo a los efectos de quema de grasa natural que tiene la cafeína. Una o dos tazas (si el día es muy lento para empezar) como máximo.

CAPÍTULO 2 COMER BIEN Y PERDER LAS LIBRAS

De acuerdo, cuando la mayoría de la gente piensa en perder peso y comer, piensa en hacer dieta. Bueno, desafortunadamente, todas las dietas de moda tienden a hacer que las personas aumenten de peso. ¿Por qué? Porque los matan de hambre y la persona finalmente se derrumba y se come todo lo que ve porque tiene mucha hambre. También los privan de los alimentos que aman. Esta no es una forma de perder peso, ni es una forma de vivir. ¡Solo te provocas estrés, lo que en realidad te hace subir de peso!

Entonces, al comer allí mismo, hay algunos consejos que puede seguir todos los días y que no lo privarán de los alimentos que ama, sino que trate esos alimentos como artículos de lujo para que los disfrute mucho más.

CONSEJO # 13: Coma frutas y verduras frescas que tengan un alto contenido de agua. Estos son alimentos como tomates, sandías, melón, kiwi, uvas, entiendes la idea. Todas esas frutas y verduras frescas y sabrosas son buenas para usted. Estos artículos contienen alrededor de 90 a 95% de agua, por lo que puede comer muchos de estos y lo llenarán sin aumentar las libras.

CONSEJO # 14: Coma fruta fresca en lugar de fruta procesada. Cualquier cosa que se procese como más azúcar. Las frutas procesadas y enlatadas tampoco tienen tanta fibra como las frutas frescas.

CONSEJO # 15: Aumente su consumo de fibra tanto como pueda. Por lo general, esto significa comer más frutas y verduras.

CONSEJO # 16: Los vegetales son tus amigos cuando se trata de perder peso. Hay toneladas de opciones aquí y es posible que incluso desee probar algunas que no había tenido en el pasado. Las variedades de hojas verdes son las mejores y siempre querrás trabajar en una ensalada cuando puedas. Las ensaladas están llenas de nutrientes siempre que no les eches demasiado aderezo y las cargues con demasiado queso. Las verduras de hoja verde también tienen mucha agua natural.

CONSEJO # 17: Sea inteligente acerca de lo que come. No comas solo para comer. Los animales comen por instinto; la gente come cuando sabe que su cuerpo realmente lo necesita. No seas impulsivo.

CONSEJO # 18: Observe todo lo que consume, desde la comida en sí hasta lo que le pone encima. Los aderezos y condimentos pueden sabotear una comida saludable porque generalmente tienen un alto contenido de grasa.

CONSEJO # 19: Controle el gusto por lo dulce. Esto no significa que no puedas comer tus dulces; simplemente no los coma como comida. Recuerde siempre que estos dulces terminan agregando a un área a la que no desea que agreguen. Sin embargo, tampoco se prive, porque entonces comerá el doble de lo que debería.

CONSEJO # 20: Establezca horarios para las comidas y cúmplalos. Trate de tener sus comidas en momentos específicos y cómelas a esa hora. Un patrón de alimentación le ayudará a controlar lo que come y cuándo lo come. Además, es mejor tener 5 comidas pequeñas al día en lugar de solo una o dos comidas abundantes. Solo comer una vez al día hace que su cuerpo se sienta como si se estuviera muriendo de hambre, lo que acumula grasa en lugar de usarla como combustible. Además, no espere hasta que se muera de hambre para comer. Esto solo te hace comer en exceso hasta que estás lleno.

CONSEJO # 21: Come solo cuando tengas hambre. Asegúrese de beber un vaso de agua primero para determinar si realmente tiene hambre o sed. Muchas personas tienen la tendencia a comer cuando ven comida. No significa que tengan hambre; solo quieren comerlo. No coma nada que le ofrezcan a menos que realmente tenga hambre. Si sientes que debes comerlo por cortesía, solo mordisquea, no comas.

CONSEJO # 22: Trate de no comer bocadillos entre comidas, pero si debe comer un bocadillo, asegúrese de que sea saludable. Si viaja mucho, trate de encontrar bocadillos saludables y no comida chatarra.

CONSEJO # 23: Las verduras son excelentes bocadillos. Pueden ayudarlo a superar los dolores de hambre si los está teniendo. Las zanahorias son excelentes porque satisfacen el hambre y están llenas de nutrientes.

CONSEJO # 24: Contar calorías es una buena idea para aquellos que deben tener alimentos. Si es un alimento empacado, entonces tendrá las calorías en el empaque. Asegúrese de prestar atención también al tamaño de las porciones en términos de calorías. Un muffin Otis Spunkmeyer está destinado a ser de dos porciones, por lo que debe duplicar las calorías enumeradas. Aquí es donde los productores de alimentos se vuelven complicados y usted no puede caer en su trampa.

CONSEJO # 25: Elimine las calorías adicionales al final de la semana. Si siente que ha derrochado demasiado esta semana, asegúrese de ir al gimnasio o caminar un poco más para quemar esas calorías adicionales que ha consumido.

CONSEJO # 26: Manténgase alejado de todas las cosas fritas. Si está empanizado, es mejor que esté horneado. Los alimentos fritos se sumergen en grasa y aceite. Incluso después de que se haya drenado el exceso de aceite, todavía hay aceite absorbido en el alimento mismo.

CONSEJO # 27: No se salte las comidas. Debería tener, como mínimo, tres comidas al día, pero preferiblemente cinco comidas pequeñas. Esto evitará que tenga hambre durante el día y que coma en exceso debido a la inanición.

CONSEJO # 28: Al igual que las frutas, las verduras frescas son mejores que las enlatadas. Es incluso mejor si puede comer sus verduras crudas. Cuando los cocinas, cocinas los nutrientes. Si debe cocinarlos, intente hervirlos hasta el punto de que todavía estén algo crujientes. Además, no los sumerja en mantequilla. Si puede comprar verduras orgánicas y sin pesticidas, es aún mejor.

CONSEJO # 29: No coma más de un huevo por día. Es mejor si puede reducir la ingesta de huevos a tres por semana.

CONSEJO # 30: Los chocolates deben tratarse como artículos de lujo. Compre las cosas buenas y solo cómelas de vez en cuando. Si realmente saboreas cada bocado, experimentarás mucha más alegría al comerlos y sabrán aún mejor.

CONSEJO # 31: Coma alimentos de todos los grupos de alimentos todos los días. Esta es una excelente manera de asegurarse de que está obteniendo todos los nutrientes que su cuerpo necesita y ayuda a evitar cualquier deficiencia en la dieta. Además, no coma los mismos alimentos todo el tiempo. Experimente para no aburrirse con la misma dieta de siempre.

CONSEJO # 32: Trate de desayunar una hora después de despertarse. Esta es la mejor manera de darle a su cuerpo el impulso que necesita. No espere hasta tener mucha hambre. El desayuno es importante, pero no necesita atiborrarse. La idea es que estás rompiendo el ayuno por no descansar en toda la noche.

CONSEJO # 33: Su dieta debe incluir todos los aspectos de los grupos de alimentos, incluidos los carbohidratos. De hecho, su dieta debe contener entre un 50 y un 55% de carbohidratos. Los carbohidratos son una gran fuente de energía. Esas dietas que prohíben los carbohidratos en realidad te están dañando y solo te hacen desearlos mucho más. Su dieta debería causarle deficiencia en cualquier cosa.

CONSEJO # 34: Las proteínas deben constituir solo el 25-30% de su dieta. Se pone demasiado énfasis en la carne como parte principal de su comida. En realidad, debería considerarse más una guarnición que un plato principal.

CONSEJO # 35: Las grasas deben constituir del 15 al 20% de su comida. Esta es realmente toda la grasa que necesita tu cuerpo. Mucho de esto estará en su dieta en forma de crema, azúcar y similares.

CONSEJO # 36: Come más carne blanca que roja. La carne blanca incluye pollo, pescado y algunas otras aves. La carne roja incluye ternera y cerdo.

CONSEJO # 37: Trate de ser tan vegetariano como pueda. Este es realmente un estilo de vida más saludable, incluso si no puede cortar la carne por completo. Cuantas más frutas y verduras puedan comer, mejor. Cuanta más carne elimine, más grasa también podrá eliminar de su dieta. Sin embargo, la proteína es importante, así que asegúrese de que su opción le permita mantener buenos niveles de proteína.

CONSEJO # 38: El pan blanco es bueno, pero los panes multi cereales con alto contenido de fibra son mucho mejores. Estos panes son otra forma de agregar más fibra a tu dieta y además tienen un buen nivel de proteínas.

CONSEJO # 39: La carne de cerdo no ayuda a perder peso de ninguna manera. Cuanto menos carne de cerdo coma, mejor estará cuando intente perder peso. El cerdo tiene un alto contenido de grasa e incluye alimentos como tocino, jamón y salchichas.

CONSEJO # 40: Limite su consumo de azúcar tanto como sea posible. Si debe tener edulcorante en su café y té, intente encontrar un edulcorante artificial que no le importe el sabor. Sin embargo, estas cosas tampoco son tan saludables y también deben limitarse.

CONSEJO # 41: Intente pastar de cinco a seis veces al día. Estas son esas comidas pequeñas que discutimos anteriormente. Algunas personas pierden peso mejor cuando nunca sienten hambre y comer alimentos saludables puede hacer esto por usted. Además, mantiene su metabolismo en funcionamiento, lo que quemará grasa de forma natural.

CONSEJO # 42: No se preocupe por hacer trampa, pero no haga trampa para una comida.

Come dulces y tu comida trampa favorita solo por el sabor. Si quieres un postre después de la cena, comparte uno con toda la familia. Obtendrá el sabor, pero no las libras.

CONSEJO # 43: Cuide su consumo de grasas. Cada gramo de grasa tiene 9 calorías. Si conoce sus calorías totales, puede calcular la cantidad de grasa en esos elementos.

CONSEJO # 44: Tómate la sal y trata de cortar lo que usas por la mitad. La sal es una de las principales causas de obesidad. CAPÍTULO 3 PIERDA PESO CAMBIANDO LA FORMA DE COCINAR

Aquí hay algunos consejos que le ayudarán a perder esos primeros diez libras simplemente cambiando la forma en que prepara su comida. La forma en que se cocinan los alimentos tiene mucho que ver con lo saludable que sea o no.

CONSEJO # 45: En lugar de freír en aceite o grasa, intente hornear esos alimentos. Hornear no requiere toda la grasa y el aceite que requiere freír y su comida no se empapa en esas sustancias mientras se cocina.

CONSEJO # 46: Use spray antiadherente para sartén para no usar aceite. Además, las sartenes que son antiadherentes no requieren tanto aceite, si es que lo necesitan.

CONSEJO # 47: Hierva las verduras en lugar de cocinarlas. También puede cocinarlos al vapor, ya que esta es probablemente la forma más saludable de comer alimentos como coles, coliflor, brócoli y zanahorias.

CONSEJO # 48: Tenga cuidado con los alimentos sin grasa y bajos en grasa. Hay muchos de estos alimentos en el mercado, pero no son exactamente saludables. Muchos de estos alimentos utilizan algún tipo de sustancia química o carbohidrato para endulzarlos y que sepan mejor. Sin embargo, el cuerpo convierte estos químicos y carbohidratos en azúcar en el cuerpo, lo que significa que todavía se están convirtiendo en grasa.

CONSEJO # 49: No sea víctima de dietas estrictas. Estos son malos para usted y hacen más daño que bien a largo plazo. Los resultados a corto plazo suelen ser que perderá algunos kilos, pero una vez que los abandone, todo volverá y su peso empeorará la segunda vez. No puedes sobrevivir con una dieta de choque y eventualmente llegas a un punto en el que tienes que renunciar a ella.

CONSEJO # 50: Mastique su comida al menos de 8 a 12 veces, ya sea comida líquida, dulces o helado. Esto agrega saliva a la comida que digiere el azúcar. Cuando los alimentos no se comen correctamente y simplemente se tragan, se llena el estómago con alimentos que no están listos para ser digeridos y, por lo tanto, no producen los beneficios para la salud que necesita.

CONSEJO # 51: Cuando cocine con aceite, use un buen Aceite de Oliva Virgen Extra. Es más caro que el aceite vegetal, pero los beneficios para la salud son mucho mejores y vale la pena el costo. El aceite de oliva se ha asociado con un riesgo reducido de enfermedad coronaria y ayuda a aumentar la elasticidad de las paredes arteriales, lo que reduce la posibilidad de ataque cardíaco y accidente cerebrovascular.

CAPÍTULO 4 EJERCICIO PARA PERDER PESO

Hay dos cosas que debe hacer para perder peso y una de las que ya hemos cubierto bastante extensamente y es comer bien y llenar su cuerpo con agua buena y limpia. La otra cosa que tienes que hacer es poner tu cuerpo en movimiento. No tiene que comprar una membresía de gimnasio para hacer ejercicio. De hecho, hay varias cosas que puede hacer a diario que ayudarán a que su cuerpo comience a perder peso y hay varios ejercicios que puede hacer por su cuenta para perder peso.

CONSEJO # 52: Cuando empiece a hacer ejercicio, ya sea en casa o en un gimnasio, no se desanime si no ve los resultados de inmediato. Se necesita más de una semana para poner su cuerpo en forma y comenzar a progresar. Mucha gente comete el error de creer que su ejercicio no está funcionando cuando solo toma un poco de tiempo.

Si presiona demasiado su cuerpo cuando comienza a hacer ejercicio, puede terminar con lesiones. Sus huesos, articulaciones y ligamentos no están preparados para el esfuerzo que les está realizando. No crea que si realmente se esfuerza por hacer algunos entrenamientos, perderá dinero, desafortunadamente el cuerpo no funciona de esta manera. Lento y constante gana la carrera cuando se trata de hacer ejercicio.

CONSEJO # 53: Controle su peso cuando comience a hacer ejercicio, pero no lo use como una guía de cuánto peso está perdiendo. Tu peso fluctúa a lo largo del día. Si controlas tu peso todos los días, es posible que acabes desanimándote.

CONSEJO # 54: La mejor manera de saber si está perdiendo peso es por el ajuste de su ropa. Si comienza a sentirse como si estuviera flotando con su ropa, entonces sabrá que está comiendo y el ejercicio le está haciendo bien. Otra forma de saber si está perdiendo peso es si puede comenzar a moverse donde normalmente se abrocha el cinturón; por supuesto, cuanto más apretado, mejor.

CONSEJO # 55: Cuando compruebe periódicamente su peso y el ajuste de su ropa, recompénsese. Cómprese unas zapatillas nuevas para correr o un par de jeans nuevos. Esto le ayudará a mantenerse motivado mientras persigue sus objetivos de pérdida de peso.

CONSEJO # 56: Tómese un día libre del ejercicio para darle a su cuerpo la oportunidad de descansar y repararse. Tu cuerpo necesita un día libre una vez a la semana.

CONSEJO # 57: Tres días de ejercicio de 30 minutos lo ayudarán a mantener su peso, pero necesita al menos 4 días de ejercicio de 30 minutos para comenzar a perder peso y 5 días a la semana es aún mejor.

SUGERENCIA # 58: Recopile información sobre el ejercicio y las cosas fáciles que puede hacer desde su propia casa. Existe una gran cantidad de investigaciones exhaustivas disponibles sobre el ejercicio y puede elegir lo que más lo ayudará a alcanzar sus objetivos de pérdida de peso. Navegue por Internet o compre algunos libros sobre salud y ejercicio en su librería o biblioteca local para obtener más información y cómo quemar la cantidad deseada de calorías que está tratando de quemar cada semana.

SUGERENCIA # 59: Trate de encontrar un compañero de ejercicio. Debe ser alguien que esté tan comprometido con el ejercicio y la pérdida de peso como usted. Una de las ventajas de encontrar una pareja comprometida es que tienes a alguien con quien seguir sintiéndote responsable. El conocimiento de que alguien te l facilita levantarte de la cama e ir a hacer ejercicio con ellos. No querrías poner de pie a tu compañero de ejercicio, ¿verdad?

SUGERENCIA # 60: Cuando su cuerpo le diga que ya ha tenido suficiente, tómese un descanso. Cuando haya hecho ejercicio durante una cantidad considerable de tiempo, comenzará a recibir señales de su cuerpo. Esto es particularmente importante cuando recién está comenzando con su rutina de ejercicios.

SUGERENCIA # 61: Si decide aumentar la duración de sus entrenamientos, hágalo gradualmente. Lo mismo ocurre con la intensidad de sus entrenamientos.

SUGERENCIA # 62: Seleccione una rutina de ejercicios que se adapte a su estilo de vida. Todo el mundo tiene un estilo de vida diferente y una profesión diferente. No hay un tiempo establecido en el que deba o no deba ejercitarse. Si le gusta hacer ejercicio hasta tarde antes de irse a la cama porque es relajante para usted, hágalo. Si te gusta hacer ejercicio temprano en la mañana porque te ayuda a despertarte, eso también es genial. A algunas personas les gusta hacer ejercicio durante la pausa del almuerzo para descansar del estrés de su trabajo o porque ese es el único tiempo que tienen disponible.

CONSEJO # 63: No se quede parado, camine. Si puedes caminar, hazlo. Las personas que son marcapasos en realidad se están haciendo mucho bien a sí mismas porque se mueven constantemente. El ritmo también te ayuda a pensar.

CONSEJO # 64: No se siente si puede estar de pie. Si puede estar de pie cómodamente, quemará más calorías al hacerlo que si estuviera sentado.

CONSEJO # 65: No se acueste si puede sentarse. Mismo concepto que los dos anteriores.

CONSEJO # 66: El sofá y la televisión son anti-pérdida de peso. Si estás inclinado a convertirte en un adicto a la televisión, no te sientes en ello. De hecho, si es necesario, coloque una silla que no sea tan cómoda frente al televisor para no pasar tanto tiempo frente a él. Lo mismo ocurre con la computadora si eres un adicto a la computadora. Algunas personas tienen una silla más cómoda frente a su computadora que frente a su televisor. (Esto es, por supuesto, si no trabaja desde casa y necesita trabajar horas a la vez frente a su computadora porque su silla es muy importante en ese momento).

CONSEJO # 67: Si tiene un trabajo en el que está sentado todo el tiempo, levántese y estírese cada media hora aproximadamente. La mayoría de los trabajos actuales se realizan frente a una computadora y requieren que usted se siente. Si tiene un trabajo como este, asegúrese de mudarse de vez en cuando.

SUGERENCIA # 68: Camine mientras está hablando por teléfono. Harás un buen ejercicio si es una conversación larga.

CONSEJO # 69: Use las escaleras en lugar del ascensor o las escaleras mecánicas. Estas son grandes comodidades, pero nos hacen muy perezosos. Además, puede ser más rápido subir las escaleras que esperar a que se abran los ascensores.

CONSEJO # 70: Deje de fumar. Fumar no contribuye exactamente a su peso, pero conduce a conductas alimentarias erráticas y aumenta la dependencia de la cafeína.

CONSEJO # 71: 10 minutos de cardio al día son buenos para la mayoría, puedes conseguirlo con otros métodos además de correr.

SUGERENCIA # 72: Si no puede correr por una razón física, intente 15 minutos de caminata rápida para mantenerse en forma.

SUGERENCIA # 73: Puede caminar a cualquier lugar si tiene tiempo. Si el trabajo o la tienda de comestibles no están lejos, considere caminar hasta allí o andar en bicicleta. Puede que te lleve más tiempo, pero estás haciendo ejercicio al mismo tiempo.

SUGERENCIA # 74: Oculte el control remoto de usted mismo. Los mandos a distancia también son malos cuando se trata de perder peso. Si no tenía un control remoto, es posible que ni siquiera encienda la televisión, lo que significa que podría encontrar cosas más activas para hacer. Levántese y cambie de canal si no tiene control remoto o salga a caminar en lugar de ver la televisión.

SUGERENCIA # 75: Haga su propia búsqueda. Si necesita algo de la cocina, el canal de televisión cambió, el correo o el periódico del camino de entrada, camine y consígalo usted mismo. Agregar un poco de caminata a su día hará maravillas por usted.

CONSEJO # 76: Camine o suba las escaleras mecánicas con él o simplemente tome las escaleras.

SUGERENCIA # 77: Camine durante las pausas comerciales o haga ejercicios simples como abdominales o agacharse y tocarse los dedos de los pies. Haga cualquier cosa para que su cuerpo se mueva más y para que la sangre siga bombeando.

SUGERENCIA # 78: Ponga música y baile. Nuevamente, cuanto más se mueva, mejor se sentirá y más peso perderá.

SUGERENCIA # 79: Si toma el transporte público, bájese una cuadra antes de su parada y camine el resto del camino. Esta es una buena manera de hacer una caminata antes y después del trabajo o de camino a otro destino.

CONSEJO # 80: Haga giros pélvicos para poner en forma su sección media. Por supuesto, no haría esto con nadie alrededor, pero son un buen paso para preparar su cuerpo para crujidos de estómago más graves. También es bueno para los músculos de la espalda y lo mantiene suelto en lugar de tenso.

CONSEJO # 81: Succiona el estómago cuando caminas. Camine correctamente, pero haga todo lo posible para mantener el estómago encogido. Pronto comenzará a sentir que esos músculos se tensan.

SUGERENCIA # 82: Haga ejercicios de respiración para tonificar su abdomen. Es sorprendente cómo respirar correctamente y con todo el diafragma puede ayudar a tensar los músculos abdominales. La mayoría de las personas respiran demasiado superficialmente y el oxígeno es bueno para el cerebro.

SUGERENCIA # 83: Experimente con el yoga. El yoga es una excelente manera de perder peso y reducir sus niveles de estrés. El yoga te enseña cómo controlar tus músculos y obtener un mayor control de tus grupos de músculos individuales.

CONSEJO # 84: Levanta pesas. El entrenamiento de fuerza quema más grasa de la que la gente cree. Cuando trabajas en la construcción de músculos, comienzan a quemar grasa para impulsar el crecimiento de los músculos. Tenga en cuenta que cuando gana músculo, es posible que su báscula no sea una herramienta precisa para determinar la pérdida de peso porque el músculo pesa más que la grasa.

SUGERENCIA # 85: Masajee a su pareja. Puedes esforzarte un poco y al mismo tiempo podrás complementarlos en el peso que han perdido si han estado haciendo ejercicio contigo.

SUGERENCIA # 86: Suba las escaleras de dos en dos en lugar de una a la vez. Esto hace que tengas que esforzarte más y aumenta tu frecuencia cardíaca.

SUGERENCIA # 87: Lleve a su perro a pasear. Lo más probable es que si no estás haciendo suficiente ejercicio, tampoco tu mascota. O deje que su perro lo lleve a caminar. Por una vez en su vida, déjelo que lo lleve a donde quiera ir y tan rápido como quiera llegar allí. Podría ser un buen ejercicio para ambos.

SUGERENCIA # 88: Únase a una clase de baile. Esto podría ser un baile de salón donde aprendes bailes como el tango, la salsa o el fox trot. Estos bailes son de ritmo rápido y te pondrán en movimiento. Incluso el baile de salón lento es mucho ejercicio y definitivamente tonificará tus piernas. O puede tomar una clase de baile aeróbico. ¿Cuántos bailarines conoces que tengan sobrepeso?

CONSEJO # 89: Apóyese contra la pared para que su cara esté cerca y luego use sus manos para alejar su cuerpo. Haga esto tres o cuatro veces para estirar.

CONSEJO # 90: Nade siempre que pueda. La natación es una excelente manera de hacer ejercicio cardiovascular y tiene un impacto bajo o nulo en las articulaciones, lo cual es excelente para las personas que tienen osteoporosis o problemas en las articulaciones.

SUGERENCIA # 91: Intente jugar al tenis o al baloncesto. Jugar es una excelente manera de ponerse en forma. También es más divertido entrenar con otra persona en un ambiente competitivo. Estará más impulsado a esforzarse y quemará más calorías, pero no se exceda.

SUGERENCIA # 92: Siempre comience su entrenamiento con un calentamiento de aproximadamente 5 a 10 minutos y termine con un enfriamiento de 5 a 10 minutos. Su cuerpo necesita alcanzar un cierto nivel de frecuencia cardíaca antes de responder bien al resto del entrenamiento.

SUGERENCIA # 93: No lleve su teléfono inalámbrico o celular con usted. Si suena, ve a caminar. Hay tantas comodidades en la vida y siempre tenemos todo lo que necesitamos al alcance de la mano, pero obviamente esto es malo para la cintura.

SUGERENCIA # 94: Si está de pie, estire un poco las piernas poniéndose de puntillas y luego baje gradualmente hasta la curación. También puede flexionar los músculos de los glúteos, pero tal vez cuando nadie más esté mirando.

CONSEJO # 95: Antes de irse a la cama, desnúdate y mírate frente al espejo. Tome nota de las áreas en las que necesita mejorar y las áreas que son sus mejores activos. Hacer un auto-inventario puede mantenerlo motivado en sus esfuerzos de entrenamiento. Además, no olvides complementarse con cualquier nuevo tono muscular que pueda tener u otras mejoras que haya realizado.

SUGERENCIA # 96: No se encorve en su silla. Trate de sentarse derecho y erguido en todo momento. El encorvarse es malo para la espalda y le da una figura flácida. Asegúrese de sentarse y pararse siempre con una buena postura.

CONSEJO # 97: A la mayoría de las personas les gustaría apuntar a sus estómagos y deshacerse de esa área por completo. Desafortunadamente, no podemos reducir al contado. Pero una cosa que puede hacer es un ejercicio de respiración para ayudar a tensar los músculos del estómago.

Respire aire lo más fuerte que pueda y meta el estómago al mismo tiempo tanto como pueda. Manténgalo durante unos segundos y luego déjelo salir lentamente. No lo dejes salir tan rápido que tu vientre se caiga. Esto no está bien. Trate de respirar así cada vez que lo piense, unas 50-60 veces al día es lo ideal. Esto le ayudará a perder al menos una pulgada en 20 días aproximadamente.

SUGERENCIA # 98: Use una tabla, como la que se muestra a continuación, para ayudarlo en sus esfuerzos por perder peso. Esta tabla muestra cuántas calorías quema cada uno de estos ejercicios comunes, en base a 20 minutos.

Ejercicio

Calorías

Aeróbicas quemadas 200-250

Bicicleta estacionaria 250-300

Ciclismo real 300-400

Corriendo a 5-6 mph 300-350

Sube-escaleras 200-250

Vueltas de natación 350

Caminar a paso ligero 150-180

Deshierbe y cultivo de su jardín 130-200 Sexo
(Sí, el sexo también puede ser ejercicio) 50-60

Baloncesto: lanzar canastas para jugar un juego

130-250

Golf: transporte de palos, sin carrito 166

Golf: llevar palos, basado en 2 horas de juego en
lugar de 20 minutos 1000

Esnórquel 150-200

Esquí acuático 180-200

Patinaje sobre hielo – general 200-250

Esquí de fondo, 2,5 mph, esfuerzo ligero 200-250

Esquí general 200-250

Submarinismo 200-250

Rafting, kayak o piragüismo en aguas bravas 150-200

Bandera o toque de fútbol 250-300

Equitación – Trote 200-250

Artes marciales 300-350

Racquetball 200-250

Voleibol – equipo de 6 a 9 personas 90-120

Voleibol – Playa 25-300

Tenis – individuales 250-300

Tai Chi 120-180

* Sus resultados también dependerán de cuánto pesa actualmente. Si está buscando un cálculo preciso basado en su peso corporal y los detalles del ejercicio que está realizando.

En este cuadro puede ver que caminar es una excelente manera de hacer ejercicio. Si está demasiado ocupado para hacer cualquiera de los otros ejercicios, una buena caminata es un buen comienzo.

SUGERENCIA # 99: No se desanime de hacer ejercicio y comer bien usando ropa que no le quede bien. Usar el tipo de ropa incorrecto puede hacer que parezca más grande de lo que realmente es. Esto también incluye ropa deportiva. Si usa ropa que le queda ahora, puede ir a comprar más tarde ropa más pequeña y puede vender su ropa más grande un poco gastada en una tienda de consignación o puede llevarla a Goodwill para que se la entregue a alguien que pueda usarla.

CAPÍTULO 5 PARA EMPEZAR

Ahora que sabe cómo empezar, aquí hay un poco más de información sobre cómo perder peso y no recuperarlo, y todo comienza con lo que come.

La pérdida de grasa y peso es un aspecto tan importante en nuestra vida hoy porque estamos más gordos ahora que nunca. La palabra "programas de pérdida de peso" llamará la atención de cualquiera que esté escuchando una conversación o viendo la televisión. De hecho, esa es una de las palabras clave más populares buscadas en Internet en la actualidad.

La principal razón por la que tenemos tanto sobrepeso es nuestra relación con la comida. En nuestra sociedad, tendemos a concentrarnos en la cantidad. Simplemente queremos todo lo que podamos obtener en lugar de la mejor comida que podamos obtener. La cantidad siempre supera a la calidad, cuando debería ser exactamente lo contrario.

Una vez que haya decidido perder peso, puede ser difícil determinar exactamente dónde debe comenzar. Si tiene la firme determinación de ponerse en marcha y perder peso, es posible. Solo tienes que averiguar cómo decir "no".

Todo el mundo es diferente. No vas a encontrar otra persona que tenga el mismo metabolismo que tú o que queme grasa de la misma manera que tú. Puede pesar exactamente lo mismo que la persona que está a su lado, pero si ambos comenzaran un programa de ejercicio y dieta, es posible que ambos no obtengan los mismos resultados dos semanas o incluso un mes después, incluso si hicieran todo de la misma manera cada día. Al decir esto, es importante darse cuenta de que tampoco todo el mundo utiliza los alimentos de la misma manera. Lo que puede hacer que una persona gane una libra puede que no afecte lo mismo a otra. Lo mismo ocurre con la pérdida de peso. Si usted es una mujer casada y usted y su esposo están haciendo ejercicio juntos y digamos que él deja las bebidas gaseosas y pierde cinco libras al dejar de consumirlas y usted no pierde una libra, eso le demuestra que usted y su esposo no necesariamente verá los mismos resultados, incluso si usted está comiendo y haciendo ejercicio exactamente de la misma manera.

La conclusión es que la sociedad actual tiene que trabajar mucho más duro que las sociedades del pasado. Hace sesenta años las mujeres y los hombres eran delgados porque tenían que trabajar. El trabajo manual era un requisito o no podrías comer. Tenías que ir a recoger huevos del gallinero si querías huevos, tenías que ir a ordeñar las vacas para obtener leche fresca y tenías que arar los campos para cultivar tus verduras. Si querías carne de res, bueno, tenías que saber algo sobre cómo engordar un ternero y matarlo. Así era la vida en ese entonces y la tecnología se ha llevado todo este trabajo manual. Entonces, en cambio, tenemos que vigilar lo que comemos y tenemos que ir a hacer ejercicio. Si no lo hacemos, no tenemos motivos para movernos la mitad del tiempo.

Es muy importante comprender que sus objetivos de pérdida de peso dependen en gran medida de cuánto esté dispuesto a trabajar en ellos. Es la única cosa en la vida que tienes que hacer manual para lograr si quieres ver resultados.

Generalmente, las personas no necesitan preocuparse por la pérdida de peso hasta los veinte años, pero con el estilo de vida de comida rápida que vivimos hoy en día, este ya no es necesariamente el caso. Muchos de nuestros niños son obesos porque comen demasiada comida rápida y alimentos procesados. Cuando esté comprando comestibles para usted y su familia, lea los ingredientes de lo que está comiendo. Si no puede pronunciarlo, no lo coma. Los alimentos procesados nos provocan antojos y los antojos nos hacen aumentar de peso. Es particularmente importante comprender esto si alguna vez va a ser eficaz para perder peso y no recuperarlo.

Sin embargo, vigilar su dieta por sí solo no le hará perder peso. La dieta adecuada también debe ir acompañada de la cantidad adecuada de ejercicio. La solución es un regimiento de ejercicios que le dará a su cuerpo el ejercicio que necesita para quemar grasas y calorías de manera eficiente. Si no te mueves, es como si estuvieras en hibernación y tu cuerpo simplemente aumenta de peso, especialmente alrededor de la cintura.

ENTRENAR REALMENTE ES BUENO PARA USTED

Cuando piensas en la vida en el pasado cuando tu sudor era causado por el trabajo duro y el sol, simplemente te hace sentir bien por todas partes. El sol golpea tus hombros y la tensión en tus músculos solo te hace sentir más fuerte en todas partes. Realmente no hay nada mejor que hacer ejercicio al aire libre.

Pero la mayoría de la gente se ha mudado a la ciudad. Los días de trabajar en la granja han quedado atrás para la mayoría, sin embargo, hay algunas personas que todavía pueden tener esa gloriosa sensación de trabajar y producir algo que era real y mantener los kilos de más mientras lo hacen. En serio, si lo piensas bien, ¿cuántos peones, vaqueros y ganaderos están gordos? No hay muchos. Piense en sus estilos de vida. Se levantan, toman una taza de café y desayunan, van al trabajo, vienen a almorzar, van al trabajo, vienen a cenar y luego se acuestan lo suficientemente temprano para levantarse por la mañana y volver a hacerlo todo. Mientras tanto, reciben buen sol y aire fresco y consumen agua dulce durante todo el día. Realmente es un estilo de vida saludable. Desafortunadamente, la mayoría de nosotros trabajamos en interiores, sentados y aún comemos tres comidas al día, pero tenemos que hacerlo tan rápido que ni siquiera tenemos la oportunidad de probarlo.

Es un hecho de la vida que la gente en la ciudad no hace mucho ejercicio, a menos que vivas en una ciudad donde caminas a todos lados. Esto significa que tienes que concentrarte y trabajar en ello. Tienes que incluir el ejercicio en tu horario diario o tendrás sobrepeso y estarás enfermo. Esa es la forma como es. El ejercicio es la mejor manera de controlar la obesidad, es la mejor manera de controlar el estrés, la hipertensión, las enfermedades cardiovasculares y otras enfermedades relacionadas con el estilo de vida. Si puede hacer ejercicio al aire libre, aún mejor. Su cuerpo necesita tanto aire fresco como pueda.

LA CONSISTENCIA ES CLAVE

La consistencia es el aspecto más importante de cualquier programa de ejercicios. Si tiene una meta, entonces si trabaja constantemente para alcanzarla, podrá alcanzarla.

Comenzar suele ser fácil para las personas. Van de compras, consiguen algo de ropa deportiva, compran zapatillas para correr y tal vez una membresía en el gimnasio. Luego, van y hacen ejercicio de manera bastante constante durante una semana o dos.

Pero, a medida que avanzan, les resulta más difícil mantener su rutina. Sus vidas se vuelven más exigentes y empiezan a ir cada vez menos al gimnasio. En otras palabras, su membresía en el gimnasio se desperdicia y simplemente dejan de ir.

Muchas personas optan por hacer ejercicio por la noche, pero para algunas esta rutina es aún más difícil de seguir. Si no está completamente agotado cuando sale del trabajo, este es un buen momento para irse. Pero, si no puede, es posible que deba encontrar una manera de llegar allí por la mañana. Te ayudará a despertarte y podrás mantener tu consistencia.

Existe la idea errónea de que el ejercicio te cansa, pero ese no es necesariamente el caso. Puede que te haga esto las primeras veces, pero a medida que te pongas en forma, descubrirás que tienes más energía. Combine el ejercicio con el sueño adecuado, no debería tener ningún problema para levantarse por la mañana y ponerse en marcha. Además, estará lleno de energía todo el día, lo que le ayudará a superar su día laboral mucho más fácilmente.

Incluso si no tiene una membresía en el gimnasio, es probable que haya una acera afuera de su casa y algunas personas incluso tengan acceso a una piscina. Levántese media hora antes, póngase las zapatillas y comience a caminar, correr, trotar o cualquier ejercicio que elija. Si tienes un amigo de cuatro patas, seguramente también disfrutará este tiempo contigo.